PLANS

RELATIFS AU PALAIS-ROYAL,

ET DISCUSSION

DES QUESTIONS QU'ILS ONT FAIT NAÎTRE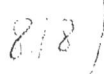

AU PROCÈS

ENTRE S. A. S. MGR. LE DUC D'ORLÉANS
ET LE SIEUR JULIEN.

EXPLICATION DES PLANS.

La principale question du procès est de savoir si la salle du Théâtre-Français était ou n'était pas *aliénable :*

Et comme cette question dépend de celle de savoir si cette salle a été construite, ou non, *sur un terrein dépendant de l'apanage*, il est nécessaire, avant tout, de se faire une juste idée de l'*état des lieux*.

Le lecteur sera pleinement satisfait à cet égard, s'il veut jeter les yeux sur les *plans* ci-joints, et prêter quelqu'attention aux *explications* qui vont suivre.

PLAN N°. I.

Ce Plan représente les bâtimens et le jardin du Palais Royal, suivant leur état en 1780.

A cette époque, il n'existait pas de galeries au pourtour du jardin.

Il était clos de toutes parts par le derrière des maisons des rues de Richelieu, des Petits-Champs et des Bons-Enfans.

Ces maisons avaient toutes vue sur le jardin; plusieurs avaient des *portes de tolérance* pour y entrer.

Le théâtre de l'*Opéra* occupait la place où depuis on a ouvert un passage dit *de Valois*, et plus tard la rue *du*

A

Lycée, dans l'espace compris entre la cour des Fontaines et la rue Saint-Honoré.

Il n'existait point de passage *au Perron* pour les voitures ; les piétons ne pouvaient arriver à la rue des Petits-Champs et à la rue Vivienne que par un escalier pratiqué au travers d'une des maisons qui faisaient face à cette dernière rue.

Le passage *Montpensier*, qui se trouve au coin de la rue de ce nom, et qui va du Palais Royal à la rue de Richelieu en longeant le Théâtre Français, n'existait pas encore.

Les vieux bâtimens du Palais Cardinal, *enluminés de jaune*, venaient jusques sur la rue de Richelieu, qui n'a même reçu ce nom qu'à cause du Palais Cardinal, qui était l'édifice le plus marquant de cette rue.

Dans cette partie de bâtimens était *la galerie des tableaux d'Orléans*, à l'extrémité de laquelle était le *Salon d'Oppénor*, avec quatre balcons en projection sur la rue de Richelieu, précisément dans l'endroit où depuis a été construite la *salle du Théâtre Français*.

Toujours à cette époque (1780) la seconde cour était coupée en deux par une aîle du Palais, et se trouvait ainsi resserrée dans la même dimension que la première.

PLAN N°. II.

C'est la copie calquée du plan de M. Louis, dressé en juillet 1784, et déposé comme annexe sous le contre-scel des lettres-patentes d'août de la même année.

Les Ducs d'Orléans ont successivement changé l'état du Palais Royal.

La deuxième cour a été aggrandie; l'aîle qui la coupait en deux a disparu.

En un mot, les changemens à l'état primitif ont été tels, que de l'ancien Palais Cardinal il n'est resté que le pan de murailles qu'on voit chargé de proues de navires, à droite en entrant par la rue Saint-Honoré, dans la deuxième cour. Tout le reste a été rebâti dans un meilleur goût par les Ducs d'Orléans, et à leurs frais.

Le feu Duc d'Orléans (n'étant encore que Duc de Chartres) avait conçu le projet de faire construire autour du jardin, des galeries de pierre dont les deux extrémités seraient venues aboutir aux galeries de bois.

Ces galeries de bois devaient être remplacées par une colonnade surmontée d'un second corps-de-logis, lequel eût été lié au premier par une galerie en retour qui eût fermé la seconde cour, en passant derrière l'endroit où est aujourd'hui le Théâtre Français.

Les abords du Palais devaient être rendus plus commodes par l'ouverture de quatre passages, savoir : celui de Montpensier, celui du Perron, un troisième à travers l'hôtel Châtillon au-dessus de la cour des Fontaines, et le quatrième devait déboucher dans la rue Saint-Honoré, à travers l'espace où se trouve figuré l'Opéra sur le plan n°. 1.

Enfin on devait laisser *au pourtour extérieur des galeries*, les trois passages marqués sur le plan sous les titres de *passage de Valois, passage de Beaujolois, et passage de Montpensier*, pour le service de ces galeries. Et comme ces passages étaient pris *sur le sol de l'apanage*, le plan indique sur la rue de Richelieu une *grille* destinée à fermer le passage Montpensier. Les autres passages étaient également défendus par des grilles qui ont disparu depuis la révolution.

Pour l'exécution de ces projets, Mgr. le Duc de Chartres fit dresser par Louis, son architecte, le Plan n°. 2.

Dans ce plan, le *jaune* représente l'emplacement des bâtimens du Palais consacrés à l'habitation du Prince, au pourtour de la 1ere. et de la 2e. cour.

Tout ce qui était patrimonial a été laissé en *blanc*.

Le *rouge* pâle et foncé, de la manière dont il est coupé et détaché du reste, semble destiné à indiquer les parties de l'apanage qu'on aurait pu retrancher sans nuire à l'achèvement du corps du Palais, et qui auraient été acensées, *dans le cas où l'on en aurait obtenu la permission.*

PLANS N°ˢ. II *bis* ET II *ter*.

Ce sont deux *plans d'élévation* déposés avec le plan n°. 2, comme annexe des lettres-patentes de 1784.

L'un représente *l'élévation géométrale d'une partie de la façade de l'intérieur du jardin du Palais-Royal*, conformément à l'exécution lors projetée.

L'autre représente *l'élévation géométrale d'une partie de la façade des passages environnant le jardin du Palais-Royal*, c'est-à-dire des passages de Montpensier, de Valois et de Beaujolais, les mêmes qui aujourd'hui forment les trois rues de Montpensier, de Beaujolais et du Lycée, autrement dite, de Valois.

Il est à remarquer que ces deux *plans d'élévation* sont les seuls de ce genre annexés aux lettres-patentes ; ce qui prouve qu'il n'était pas question alors d'autres constructions que celle des galeries au pourtour du jardin : autrement, on eût fait dresser des plans d'élévation de ces constructions, qui eussent également été annexés aux lettres-patentes.

PLAN N°. III.

Il indique *les objets dont le sieur Julien se trouvait en possession de fait en* 1814, *lors de la visite et reconnaissance des lieux, faite par MM. Fontaine et Molinos, avec l'indication des divers lots énoncés dans l'adjudication du* 22 octobre 1793.

Ce plan est *identiquement le même* que celui que M. Julien a joint à son Mémoire imprimé.

Il faut faire attention aux diverses parties dont ce plan est composé.

A, partie apanagère, teintée en jaune sur le plan de Louis, n°. 2.

G, partie apanagère, contenant 32 toises, également teintée en jaune sur le plan de Louis, et ajoutées au procès-verbal de vente le jour même de l'adjudication.

Nota. Ces deux parties formant ensemble 212 toises, sont désignées sur le plan annexé au mémoire de M. Julien, comme *provenant de l'ancien apanage dont l'aliénation n'était pas autorisée par les lettres-patentes de* 1784. Le sieur Julien lui-même en convient.

B et B *bis* sont encore deux parties apanagères, contenant ensemble 234 toises teintées *en rouge*, sur le plan de Louis, n°. 2.

C'est à l'occasion de ces deux parties B et B *bis*, qu'il a été controversé dans le procès, si, quoiqu'apanagères, l'aliénation en avait ou non été autorisée par les lettres-patentes de 1784.

Les parties C, D, E, F, comprenant 184 toises, sont des parties qui, de l'aveu de tout le monde, sont patrimoniales, sauf rectification des limites qui les séparent de l'apanage.

Mais il est à remarquer que le corps du théâtre est ENTIÈREMENT *construit sur les deux parties A et* B, dépendantes de l'apanage, et que les lots patrimoniaux C, D, E, F, ne font *en aucune manière, ni pour aucune portion*, partie intégrante de la Salle, dont ils sont seulement des dépendances essentielles.

PLAN N°. IV.

IL offre *l'état présent du Palais-Royal*. La couleur rouge désigne *la partie qui compose exclusivement les 3,500 toises dont l'aliénation a été autorisée par les lettres-patentes de* 1784.

QUESTIONS QUI NAISSENT DES PLANS.

EST-IL vrai, comme on l'a soutenu pour S. A. S. Mgr. le Duc d'Orléans, que la faculté d'aliéner, accordée par les lettres-patentes de 1784, ait été concentrée dans les parties au pourtour du jardin qui sont enluminées de rouge sur le plan n°. 4?

Ou bien est-il vrai, comme on l'a prétendu pour le sieur Julien, que la faculté d'aliéner, accordée par ces lettres, s'est étendue indéfiniment à toutes les parties enluminées de rouge sur le plan n°. 2?

DISCUSSION.

Il est très-vrai que le plan dressé par M. Louis avait pour objet d'indiquer les parties qu'on aurait pu acenser, et celles qu'on devait, dans tous les cas, réserver à l'apanage. Les premières sont enluminées de *rouge*, et les autres le sont en *jaune*.

Ainsi, nul doute que si l'autorisation avait été accordée *d'une manière générale, et avec toute la latitude que* M. Louis *avait donnée à ses* PROJETS, la portion de la Salle cotée B et la portion cotée B *bis* sur le plan n°. 3, auraient été rendues aliénables; car ces deux portions sont colorées en rouge sur le plan n°. 2.

Dans ce système, (qui est celui du sieur Julien), il ne serait demeuré d'inaliénable que la partie jaune qui joint immédiatement cette partie rouge.

Mais l'autorisation n'a point été accordée d'une manière indéfinie ; elle a au contraire été resserrée dans des limites plus étroites, comme on va le voir :

En 1784, le feu Duc d'Orléans n'était encore que Duc de Chartres; son père s'était dessaisi en sa faveur de la jouissance ; mais ce dessaisissement anticipé n'empêchait pas que le père ne fût toujours resté, de droit, *titulaire de l'apanage*. Or, en cette qualité, M. le Duc d'Orléans père de M. le Duc de Chartres, déclara qu'il ne consentirait jamais à l'acensement des diverses parties de l'apanage autres que les terreins et bâtimens au pourtour du jardin.

M. le Duc de Chartres restreignit en conséquence sa demande en autorisation d'accensement ; et dans l'exposé des lettres-patentes du mois d'août 1784, on voit qu'il s'est borné à demander la permission d'accenser *le sol des maisons parallèles aux rues des Bons-Enfans, Neuve des-Petits-Champs et de Richelieu ; et celui des passages nécessaires à leur service.*

Conformément à cette demande les lettres furent expédiées en ces termes : « Nous avons par ces présentes
» signées de notre main, permis et permettons à notre-
» dit cousin le Duc de Chartres d'accenser *les terreins et*
» *bâtimens parallèles aux trois rues* des Bons-Enfans,
» Neuve-des-Petits-Champs et de Richelieu ; COMME
» AUSSI LE SOL DES PASSAGES nécessaires au service
» d'iceux, contenant LE TOUT 3,500 toises ; lesquelles
» sont marquées et enluminées de rouge dans le plan
» signé de Louis, architecte, annexé sous le contrescel
» des présentes ».

Le titre des lettres-patentes en résume le texte en énonçant qu'elles « permettent à M. le Duc de Chartres
» d'accenser les terreins et bâtimens qui sont *au pourtour*
» *du jardin du Palais Royal* ».

L'autorisation accordée avec ces restrictions, M. le Duc

Duc d'Orléans père déclara par acte notarié en date du 19 août 1784, que c'était *de son consentement que lesdites lettres-patentes avaient été* AINSI *demandées et obtenues.*

Elles furent ensuite enregistrées au Parlement le 26 du même mois, pour être exécutées *aux charges, clauses et conditions y portées.*

L'arrêt d'enregistrement fait mention des trois plans attachés sous le contrescel des lettres-patentes. (Ce sont les plans n°. 2, n°. 2 bis et n°. 2 ter).

Maintenant il est facile de reconnaître quelles sont les parties dont les lettres-patentes ont autorisé l'accensement.

Les données du problême sont en assez grand nombre pour en amener la solution.

Ainsi, 1°. ce sont les terreins et bâtimens *au pourtour du jardin* ; il ne faut donc pas étendre la permission à des terreins et bâtimens qui ne donnent pas sur le jardin.

2°. Ce sont les terreins et bâtimens PARALLÈLES *aux trois rues des Bons-Enfans, Neuve-des-Petits-Champs et de Richelieu* ; il ne faut donc pas étendre la permission à des terreins ou bâtimens qui, donnant immédiatement sur la rue de Richelieu, font partie de cette rue, et dès-lors ne lui sont pas parallèles. Car une ligne n'est point parallèle à elle-même ; mais à une autre. Le paraléllisme suppose essentiellement deux lignes qui marchent à côté l'une de l'autre dans la même direction et sans jamais se confondre. Ainsi l'on conçoit très-bien, par exemple, que la rue du Lycée, autrement dite de

B

Valois, est parallèle à la rue des Bons-Enfans ; mais la rue des Bons-Enfans n'est point parallèle à elle-même ; elle ne peut-être parallèle qu'à une autre rue. Le même raisonnement s'applique à la rue de Richelieu.

3°. Les lettres-patentes limitent la faculté d'accenser à la quotité fixe de 3,500 toises : il ne faut donc pas l'étendre au-delà de cette quotité.

4°. Il est évident, au reste, que pour composer ces 3,500 toises, il faut prendre non-seulement *le sol des bâtimens au pourtour du jardin*, mais aussi *le sol des passages nécessaires à leur service*; car les lettres employent ces expressions qui ne laissent aucun doute : COMME AUSSI LE SOL DES PASSAGES ; et celle-ci *contenant* LE TOUT ; ce qui indique manifestement que ce ne sont pas les bâtimens *sans les passages*, mais le sol *des uns* ET *des autres* ; le TOUT, en un mot, qui formera les 3,500 toises.

Et, en effet, il résulte du plan, n°. 4, que *les bâtimens au pourtour du jardin*, qui sont *parallèles aux trois rues* des Bons-Enfans, Neuve-des-Petits-Champs et de Richelieu, *comme aussi le sol des passages nécessaires à leur service*, forment ENSEMBLE les 3,500 toises énoncées dans les lettres-patentes, et même quelque chose de plus.

Il n'est donc plus possible, sans contredire ouvertement toutes les indications de ces lettres, de prétendre que la faculté d'aliéner s'est étendue à d'autres parties.

Mais, dit-on, dans ce toisé du plan n°. 4, on comprend les passages extérieurs qui sont au pourtour des galeries, et les lettres-patentes n'ont entendu parler que des petits passages ou couloirs qui traversent les maisons, et vont du jardin dans les rues adjacentes.

Cette dernière interprétation est évidemment contraire à toutes les indications et du plan et des lettres-patentes.

1°. En 1784, le terrein qui forme aujourd'hui les rues de Montpensier, de Beaujolois et du Lycée, était enclavé dans l'apanage. Le plan n°. 2, qui est celui de M. Louis, n'offre les débouchés qu'*en projet* ; il indique même une des grilles qui devait les renfermer dans l'enceinte de l'apanage : ainsi, ce qui est aujourd'hui *rue*, n'était alors que *passage*.

2°. Comment pourrait-il rester le moindre doute à ce sujet, puisque, sur le plan original de Louis, ces rues sont appelées *passages* ? N'est-ce pas se refuser à l'évidence que de contester le titre de *passages* à des portions de terrain que le plan qualifie ainsi ? Les lettres se référant au plan, ont nécessairement entendu par le mot *passages*, ce que le plan appelle *passages* : on ne peut donc pas, sans contredire et le plan et les lettres, appliquer cette dénomination de *passages* à de petits couloirs qui alors n'existaient pas, puisque les galeries n'étaient pas encore construites; couloirs que le plan de Louis ne figure et n'indique en aucune manière.

3°. Le doute est d'autant moins possible, que les deux plans d'élévation, n°. 2 bis et 2 ter, indiquent qu'il y aura deux façades, une du côté du jardin à l'intérieur, et l'autre *sur les passages environnant le jardin.*

Dans le langage des plans annexés aux lettres-patentes, comme dans celui des lettres-patentes elles-mêmes, il ne faut donc pas entendre, par passages, les couloirs intérieurs des maisons, mais les trois bandes longitudinales de terrain qui entourent les galeries et maisons à l'extérieur ; les passages en un mot sur lesquels donne la façade opposée à celle qui est du côté du jardin, et qui sont nécessaires au service des bâtimens accensés, puisque les voitures ne peuvent aborder que de ce côté.

4°. Enfin, plusieurs années même après les lettres-patentes de 1784 obtenues, il était tellement de notoriété publique, que les terrains qui forment actuellement les *rues* de Montpensier, de Beaujolois et du Lycée, étaient alors considérés comme *passages*, que, dans le plan général de Paris, dressé par VERNIQUET, ces rues portent encore le nom de *passages*, comme sur le plan de M. Louis (1).

Ainsi, nul doute que les lettres-patentes de 1784, en indiquant le sol des passages comme devant faire

---

(1) Ce plan de Verniquet mérite d'autant plus de confiance, que, par un décret spécial du 5 juin 1793, la Convention nationale « a autorisé l'administra-
» teur des domaines nationaux à faire graver, d'après ce plan général, les plans
» particuliers de tous les grands établissemens nationaux existant dans l'étendue
» de cette ville et parties adjacentes, en distinguant les propriétés particulières
» qui s'y trouveraient enclavées, ou qui les borderaient, et avec l'indication des
» rues aboutissantes ».

partie intégrante des 3,500 toises, ont entendu le sol des passages extérieurs environnant les galeries, et non les petits couloirs qui les traversent : et comme le sol de ces passages réuni au sol des bâtimens qui sont au pourtour du jardin, forme cette quantité fixe de 3,500 toises, il est désormais évident qu'il n'existe aucune autre partie de l'apanage qui ait été rendu aliénable par les lettres-patentes de 1784.

Tel étant le sens évident, incontestable des lettres-patentes, la prétention du sieur Julien est absolument inadmissible.

Il voudrait en effet que la faculté d'accenser se fût étendue à *toutes les parties enluminées de rouge sur le plan de M. Louis.*

Cela serait bon si les lettres avaient dit d'une manière générale que l'on pourrait accenser *tout ce qui était teinté en rouge* sur ce plan. Mais on a vu que l'autorisation n'était pas conçue en ces termes; elle est *restreinte par des désignations précises.* Et si du reste il est énoncé que les parties dont l'aliénation est permise sont enluminées en rouge sur le plan de Louis, c'est qu'en effet elles portent cette couleur; mais il ne s'ensuit pas que tout ce qui est rouge pourra être aliéné.

Comment donc entendre les lettres ? — Le voici : D'après le texte des lettres, les 3,500 toises qu'on pourra accenser sont enluminées de rouge; mais on ne pourra accenser que 3,500 toises; et ces 3,500 toises devront se composer du sol des terrains et bâtimens au pourtour du jardin, comme aussi du sol des passages nécessaires à leur service.

Tout cela forme effectivement 3,500 toises, et même un peu plus. — Dans ce sens, les lettres-patentes de 1784 sont pleinement exécutées.

Au lieu que, dans le système du sieur Julien, si l'on ne comprend pas les *passages* dans le toisé des 3,500 toises, on viole ouvertement le texte des lettres-patentes, qui disent *comme aussi le sol des passages*. — Et si en comprenant ces passages, on veut de plus étendre la faculté d'accensement à toutes les autres parties rouges du plan, comme toutes ces parties réunies s'élèvent à plus de 6,000 toises, on viole ouvertement encore la disposition non équivoque desdites lettres, qui restreint la faculté d'accensement à la quotité fixe de 3,500 toises.

S'il était vrai qu'il y eût une contradiction quelconque entre l'enluminure du plan et le texte des lettres, nul doute que le texte des lettres devrait être préféré. Les lettres-patentes ont force de loi ; le plan n'est qu'un document ; et ce document pourrait d'autant moins l'emporter sur le texte des lettres, qu'il n'a pas été dressé *pour leur exécution*, mais qu'il leur est *antérieur*, ayant été fait dès le mois de *juillet* 1784. On conçoit dès-lors que les lettres données en août aient modifié le plan, mais on ne conçoit pas que le plan puisse détruire ni modifier le texte des lettres.

Ce principe, que le texte précis des actes doit l'emporter sur l'enluminure d'un plan, n'est pas nouveau. Cochin l'a invoqué avec succès dans une cause où les

premiers juges avaient cru pouvoir donner la préfé-
rence à un *plan* sur un *titre*. Ce célèbre avocat fit voir
au contraire « qu'un plan est toujours un *genre de preuves*
» *très-casuel*, et sur lequel, disait-il, on ne se fondra
» jamais pour détruire l'expression d'un titre aussi au-
» thentique que celui de 1629. (Tome I, p. 113 et 114) ».

Le Ministre des finances était pénétré de cette vérité,
lorsque dans les instructions qu'il adressait à la Régie,
le 12 ventôse an 5, il lui indiquait les moyens de
repousser les inductions que le sieur Julien préten-
drait tirer de l'enluminure du plan dressé par Louis.
« Cette teinte rouge, disait-il, ne peut être mise en
» parallèle avec le texte et l'objet des *lettres-patentes*
» *auxquelles il faut uniquement s'arrêter*, et dont il
» résulte *très-clairement*, que la permission demandée
» et qu'elles ont accordée, est *concentrée* dans le jardin
» du Palais. On ne saurait donner à ces lettres-patentes
» *dont il faut partir* plus d'effet qu'elles n'en ont eu. *Li-*
» *mitées à l'intérieur du jardin*, on ne peut raisonnable-
» ment les étendre à un emplacement qui est hors de ce
» jardin. Que si l'on objectait que les lettres-patentes
» de 1784 embrassent 3,500 toises dans la disposition
» dont elles accordent la faculté, et que le sol des mai-
» sons et arcades construites dans le jardin ne contient
» pas même cette quantité de 3,500 toises, en y joignant
» celui de la salle de spectacle ; il y aurait à répondre que
» dans la quotité de 3,500 toises énoncée dans les lettres-
» patentes, elles comprennent *textuellement* le sol des pas-
» sages nécessaires au service des maisons ; *or, le sol de*

» ces passages qui consistent dans la rue circulaire de
» Valois, Beaujolois, etc. donne *cumulativement à celui*
» *des maisons* la quantité de toises exprimée dans les
» lettres-patentes ».

C'est comme si, en vendant 3,500 arpens de bois dépendant d'une grande forêt, on avait ajouté *lesquels sont enluminés de vert sur le plan*. Assurément dans cette hypothèse, si la forêt contenait, par le fait, 6,000 arpens, l'acquéreur ne pourrait pas prétendre qu'il doit avoir la forêt tout entière, parce que les 6,000 arpens sont tous enluminés de vert sur le plan.

On le ramènerait toujours à la quotité fixe de 3,500 toises, comme étant la seule qu'on eût entendu lui vendre.

Il en est de même dans notre espèce. L'analogie est d'autant plus grande que l'autorisation d'accenser était, de la part du Domaine, une véritable aliénation de ses droits, qui dès-lors n'était pas susceptible d'extension; et cette analogie est d'autant plus forte qu'ici la limitation apportée à la faculté d'aliéner ne résulte pas seulement de l'énonciation de la quotité fixe de 3,500 toises, mais encore de toutes les énonciations qui concentrent cette partie dans le sol des galeries et des passages environnans.

RÉSULTAT.

Il résulte donc du plan et de la discussion à laquelle on vient de se livrer;

1°. Que la salle du théâtre-français a été construite EN ENTIER sur un terrain dépendant de l'apanage;

2°. Que ce terrein, c'est-à-dire LE SOL ENTIER du théâtre n'a été rendu aliénable pour aucune partie : ni pour les 212 toises enluminées *de jaune*, dont le sieur Julien lui-même avoue que l'aliénation n'a jamais été accordée ; ni même pour les 234 toises cotées B et B *bis* sur le plan n°. 3, parce que ces 234 toises, quoique enluminées de rouge sur le plan de Louis n°. 2, n'entraient pas dans les 3,500 toises qui, d'après les lettres-patentes, se composaient uniquement du sol des terrains et bâtimens au pourtour du jardin et du sol des passages environnans.

OBSERVATION.

Telle étant l'exacte interprétation des lettres-patentes, on conçoit qu'il devient tout-à-fait indifférent que dans une pétition présentée au nom du feu Prince, en 1792, on ait supposé une autorisation plus étendue que celle qui résulte effectivement des lettres-patentes. L'inexactitude de cette supposition n'a rien pu changer à la vérité des choses : l'autorisation n'en est pas moins restée ce qu'elle était avant cette pétition, puisque le décret du 14 septembre, rendu par suite, s'est borné à substituer une rente foncière au mode d'accensement établi par les lettres-patentes de 1784, et du reste a ordonné que *ces lettres seraient exécutées suivant leur forme et teneur*.

Paris, ce 8 février 1818.

DUPIN.

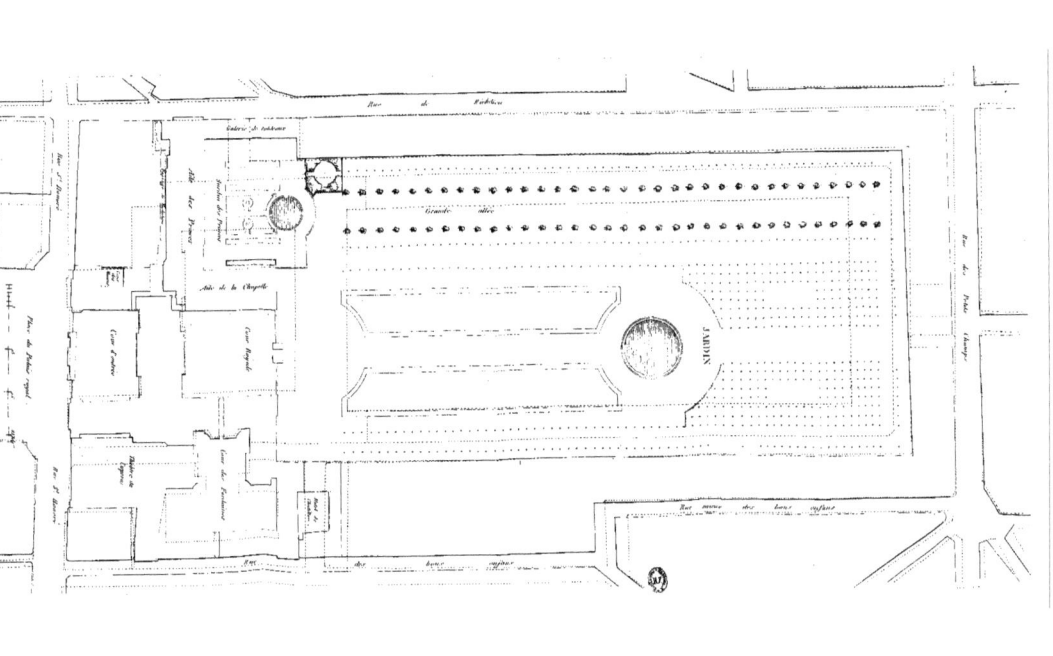

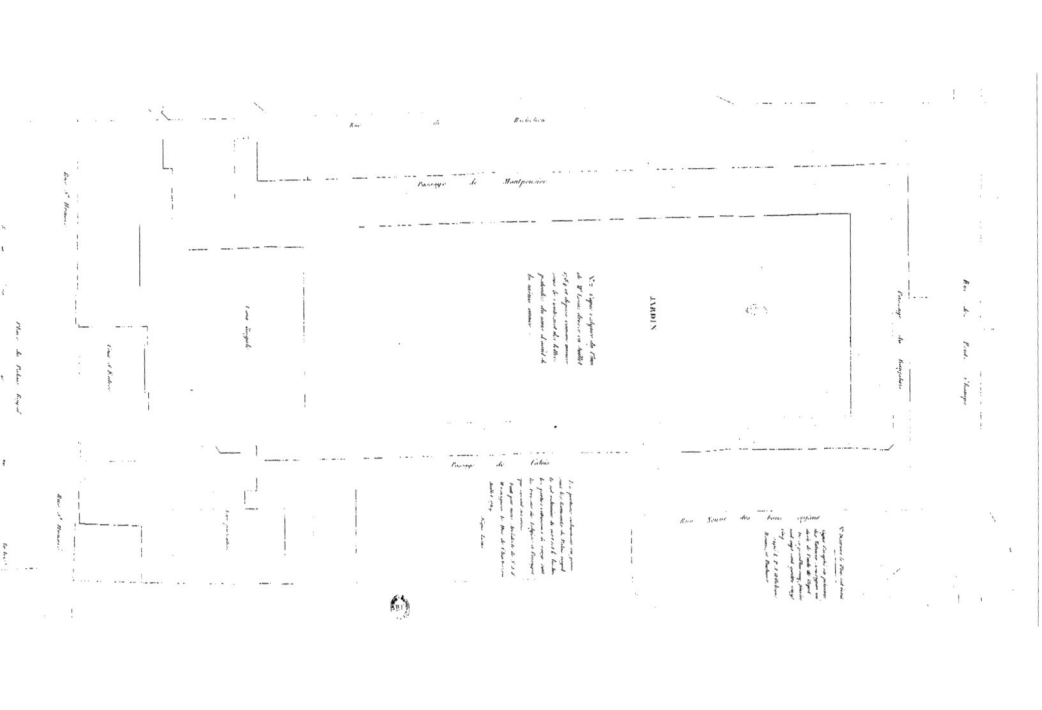

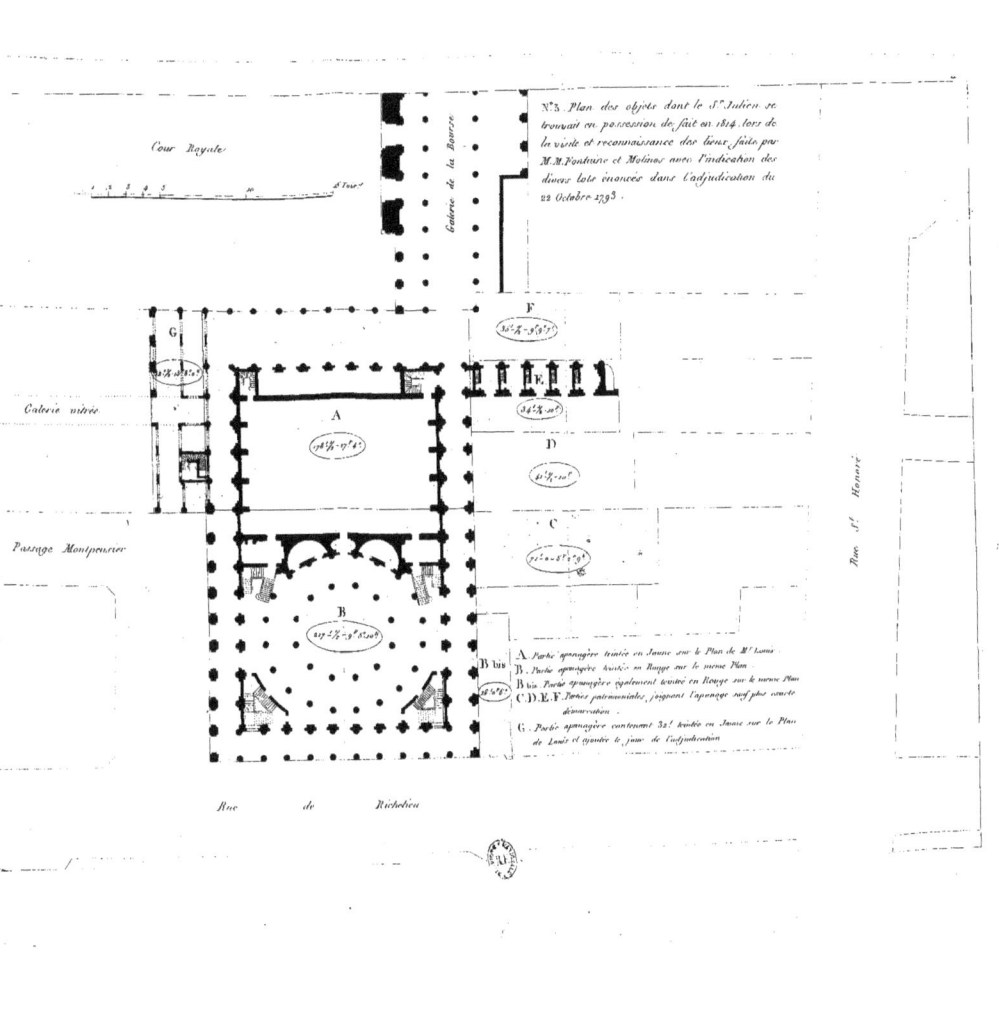

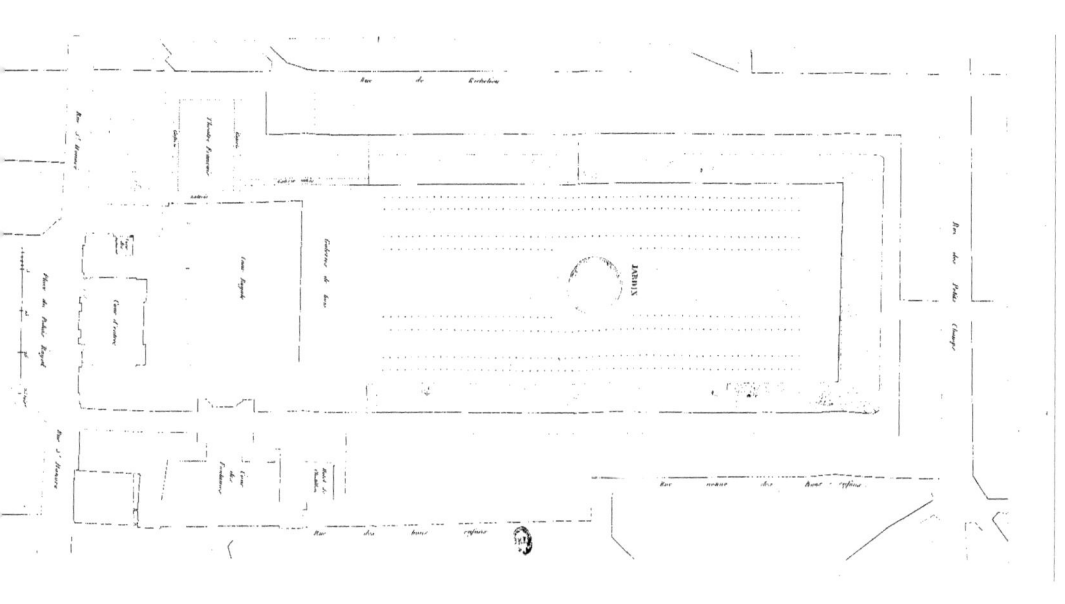

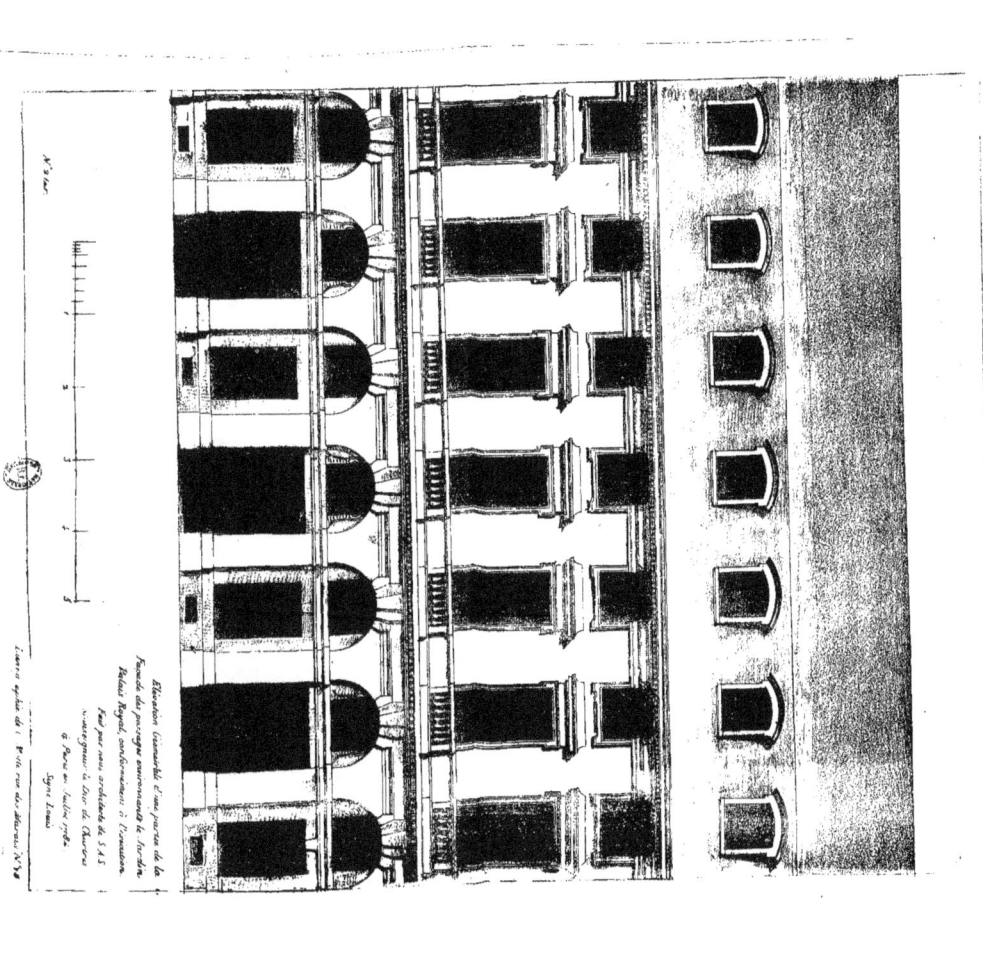

www.ingramcontent.com/pod-product-compliance
Lightning Source LLC
Chambersburg PA
CBHW060606050426
42451CB00011B/2108